AF543576

Andreas Altmann Weg zwischen wechselnden Feldern

P

Andreas Altmann

Weg zwischen wechselnden Feldern

Gedichte

poetenladen

Erste Auflage 2018

ISBN 978-3-940691-92-7

Illustration und Umschlaggestaltung: Franziska Neubert
Druck: Pöge Druck, Leipzig
Printed in Germany

poetenladen, Blumenstraße 25, 04155 Leipzig, Germany
www.poetenladen-der-verlag.de
www.poetenladen.de
verlag@poetenladen.de

Die Entstehung dieses Werkes wurde durch ein Stipendium der Kulturstiftung des Freistaates Sachsen ermöglicht.

wortfelder

hunde, ein engel. gestutzte bäume,
gesprungener asphalt, risse an den frost
rändern des fleisches. metallklänge im geh
wind, kopfreiter. gewehrläufe. knackende
haut, laute streusandteppiche. augenwasser,
schwimmende straße. gesichtsverluste.
tränenfugen. maria, kranichtänze, zaun
felder. helle klopfgeräusche. stimmen
fäden aus zwischenräumen. strickmuster
gedächtnis. ein weißer handschuh im schnee.
singsang der schritte, taumeln. tiefgang.
rehe am ende der sehkraft. davor singschwäne,
weiße flügel. wolfsspuren. baumstümpfe.
füchse. rettender kiefernwald. feuer. licht.

Geisterfelder

alte geister

dünne schatten schweben über ihren körpern.
das licht ist leicht, verweht die augen. farben
fallen in den dunklen kreis. das stahlgeflecht
der hohen zäune glänzt. der draht ist scharf,
dass sich die stimmen daran schneiden. es ist
das blut, an dem die hunde wachsen. die birken
brennen weiß. der strom fließt tag und nacht
durchs gitterfeld. die wege brechen ab. und
in ruinen rufen sich die geister an, sammeln
sich auf leeren plätzen. selbst scheiden sie sich
aus. die lieder sind an den gerüchen zu erkennen.
der boden ist so aufgewühlt. die tiere kommen
aus dem wald. sie haben sich verwandelt. ich sehe
mein gesicht in ihrem gang. es geht durch mich.

fluchten

meine toten haben sich in worte gekleidet. wind
ergraut in den bäumen. in ihren geräuschen ist
das knackende eis gefrorener flüsse zu hören.
menschen schleppen sich zwischen zäunen durch
den schnee. ihre augen sind ohne gedächtnis und
voller schritte, die ins leere gehen. kläffer springen
gegen gitter. ihre echos irren durch die köpfe.
große zelte sind in schneestürmen abgebrannt,
vater und mutter über die Oder gekommen.
sie waren noch kinder. kälber grasen auf der weide.
die ernte ist eingefahren. feuer dringen in die kalte haut.
immer wieder sind hubschrauber zu hören. tiere kommen
im menschen zum vorschein. weiße schmetterlinge
fallen vom himmel. gräber vereinsamen auf friedhöfen.
noch leuchten die kranichschreie in der nacht.
doch mit jedem tag werden sie dunkler.

pferde am haff

am haff ist der alte raddampfer in den uferschlamm
gesunken. als es schneit, tauchen die spuren der passagiere
wieder auf, die nur in eine richtung führen. weiße pferde
traben an feldrändern und halten vor dem wirtshaus,
in dem worte über sich hinauswachsen. und in der dunkelheit
verschwinden, sobald sich die tür hinter ihnen schließt.
der letzte gast steht am hafen im schneetreiben
und denkt an das hochzeitskleid, das er vor jahren einmal trug,
um es der frau vorzuführen, die er ein einziges mal
auf ihre geschminkten lippen küsste, als sie schon schlief.

verheißung

die regenluft ist grün. der hagel hat äste aus dem wind gebrochen. nur für minuten war der himmel ohne licht. das wasser trieb die wege in den blütenstrom. rostbraun die erde unter aufgekratzten bäumen. die kirchenglocke ist verschweißt, hält still die zeit, in der sie echos in die leeren häuser trug. nun schwimmt die wasserhaut auf angeschwemmten körpern. und in den mauerritzen klumpt der goldstaub alter tage. die augen flohen, blieben ohne halt, bis sie in ihren höhlen immer kleiner wurden. die nachtigall singt tiefer in den morgendunst. worte wurden weniger und kalt wie steine, die sie in den händen trugen. blumen wuchsen nur noch wild. ich weiß nicht, was im traum geschah. ich schlag mir immer wieder ins gesicht, um nicht zu schlafen, wenn die fänger kommen.

bahnhof

der weg vergreist, geht an seinem horizont
schon über meine leiche. die weiße katze zögert,
steigt zwischen zügen über gleise. die wiese
schwimmt im regenlicht. am tor erscheinen
die gesichter. es sind so viele, die sich ähnlich sind.
sie tragen fahnen, die in ihren schreien wehen.
besetzt sind die waggons mit blinden fenstern.
sie rasen in die dunkelheit. der bahnhof ist bewacht
von dutzenden soldaten. die scheinwerfer sind grell
und nehmen den gewehren ihre schatten ab.
sie bilden menschenketten. die katzen bleiben
in der nähe, gebunden an ihr territorium. ich atme still.
der weg folgt meinen augen. die züge fahren leer.
durchs hohe gras schwanken die fahnen, reißen ein.

die meute

der schnee hat sich ein grab geschaufelt,
in dem sein weiß verwest. bäume stehen
schwarz im warmen licht, das sie nicht
trauern lässt. der wind umhüllt die körper.
sie sind außer sich. und an den grenzen
sterben kinder in den nächten, schlafen
in den schreien ihrer mütter ein. die meute
brennt und ihre masken stehn in flammen.
darunter reißen die gesichter an den mäulern.
haus für haus bezieht die stellung an den zäunen.
männer kriechen durch das feuchte gras.
die ersten schüsse fallen. das land verblutet
an den fremden toten, dem alle spiegel ein
geschmolzen sind. die meute wächst und
wächst und frisst sich selber auf. nicht alle
waren schuldig, wird in der geschichte stehn.

hochzeitstag

im rauschenden grün des ahorns knistert das laub
eines gebrochenen astes. er wankt an dem, was ihn hält.
immer tiefer tragen regenrücken den hang ab. dünner
werden wurzeln und greifen in die luft. mücken
schwämme hängen über dem weg, saugen licht aus
den blätterschatten. wolken drängen in geräusche
der bäume. die neuen zäune blitzen in den büschen.
ich sehe häuser in den fensterscheiben, auf denen körper
in den gleichen kleidern stecken. die augen haben
keine lieder. und wo die fahnen wachsen, welken
worte, die sich selbst genügen. es werden schilder auf
gestellt, als könnten sie gedanken lesen. bahnen holen
menschen von den haltepunkten ab. vater hätte heut
den hochzeitstag vergessen und mutter bis zum abend
nichts gesagt. weiß nicht den grund, weshalb ich daran
denke. das laub wärmt jetzt den boden, fault dabei.

durchgebrannt

schneebedeckte äste haben die laterne gelöscht.
hinter zäunen sind die häuser ausgeschlachtet.
spuren verraten den weg in die zimmer. blut
ist geflossen. ein mann steht an der offenen tür,
ist nicht zu bewegen. sein gesicht kennt keine worte.
auf die mauern wurden augen gesprüht. winter
licht breitet sich in ihren blicken aus. birken treten
in den hintergrund. in holzwunden ist das wasser
gesprungen. das eis ist dünn, auf dem die schritte
auseinandergehen. schatten kommen über den see.
ihre körper sind nicht auszumachen. sie waren schön,
bevor sie fliehen mussten. wo früher fenster lagen,
sind stimmen zu hören. noch immer steht der mann
am haus, die tür ist nicht zu schließen. ein hund brennt
durch die absperrung, bellt heller als der schnee.

nebeltiere

regen tränkt das fell der nebeltiere. ihr gang
ist taub und senkt die augenblicke.
den grenzweg säumen baumruinen.
an seinen rändern liegen schneeskelette
und fallen langsam ihren körpern ein.
seit stunden rückt der weg dem himmel
auf den leib. im tal dahinter liegt ein häuserberg.
ein dorf hat seine steine dort verschüttet.
und auf dem gipfel steht ein fuchs und rührt
sich nicht. die luft ist feucht. ich seh der frau nach,
die mit rock und nackten beinen etwas
in die harte erde grub. ihr schritt ist schwer,
die arme hängen schlaff. sie ist zu weit
von mir entfernt, sonst hätte ich sie fragen können.
die stimme sitzt in meinen augen fest.

soldatenwald

licht zerfällt in dem gebäude, sickert in die roten
ziegeltrümmer, die sich unterm moosfell halten.
birken leuchten in den offnen räumen. feucht
liegt die lufthaut auf den wiesen, glänzt. kiefern
lehnen sich gegen den wind. am wasserloch
formt tiergeruch kadaver. vom gras umsponnen,
der schädel eines fuchses. ich seh ihm lange
in die augenhöhlen. es dämmert. wege werden
schmaler. und aus den tannenschluchten treten
nebelhüllen. sie tragen schwere uniformen, die köpfe
sind nach vorn gebeugt. am waldrand brennen
lichter die phantomkaserne nieder. ich gehe durch
den rauch, aus dem befehle sind, die im schlaf in ihren
stimmen irren. ich liege wach und höre jeden schuss.

Schlafrandfelder

hitzefieber

seit tagen diese heiße luft. unter dem mohn
reift gerste. die halme fangen feuerstaub.
und jede regung verkümmert an den spitzen.
die schatten kühlen nur sich selbst. in nächten
lieg ich wach. die haut löst sich im schweiß
und zeichnet fieberkarten. und immer wieder
der sekundenschlaf, in den ich grundlos falle.
stare schreien einen kirschbaum leer, fliegen
den himmel schwarz. ein fuchs bellt hinterm
haus. ich laufe in den munitionsverseuchten
wald. und vor mir gehen bäume in die luft.
dazwischen seh ich vater mit gewehr und uniform.
sie brennt. ich steh am fenster, will ihn rufen.
der mund ist atemvoll. kiefern wehen mit den hohen
totholzstimmen. das grelle morgenlicht ist ascheschwer.
ich bin so müde, dass ich nicht mehr schlafen kann.
die augen schließen sich in träumen ein.
sie werden heller als die tage sein.

pferde und engel

aus einem stein beugt sich ein körper.
ihm fehlt der kopf, er ist ins moos gesunken.
auf seiner haut die abgerissnen federn
einer taube. noch atmen sie im hauch
des abendlichts. der wald hütet die
aufgeregten vogelstimmen. ich seh den
tierbiss an den jungen rinden. ich weiß nicht,
wo mich diese worte finden. die neuen
fahnen sind gehisst. sie wehen asche
in die heißen augen. der wind verglast.
der bach fließt klar durch meinen kopf.
dem flieder geht die farbe aus. dann reiten
frauen in die menschenmenge und zünden
ihre pferde an. die flügel dieser engel stehn
in flammen, brennen ihre schatten nieder.
ein körper beugt sich über einen stein.

schafe und wölfe

über den friedhofshang ist efeu in die birken
senke gewachsen. tief steht die sonne und leuchtet
die waldränder aus. schwarze zweige, die sich
in den himmel krallen, schreiben die blinde schrift
in den wind. er kommt aus flüchtigen meeren.
gerüche der winterrapsfelder schleichen über
wege. sie setzen den feuchten sand in die spuren.
die trockene haut meiner schatten spannt sich
über körper, die in den schlafnarben ruhen.
ausgebreitet liegen die nächte wach. reglos steigen
tiere ins boot und kreisen den see ein. schafe und
wölfe sind durch das eis getrennt. jene brücke,
über die sie gingen, ist gesprungen. worte sind sätzen
am ufer ausgegangen. niemand spricht darüber.
in der ferne sind reiter zu sehen. sie kommen
ohne pferde und bringen die traurigen blumen.

tauben und krähen

nasser schnee liegt im grasbett, taut
in träumen, die keinen schlaf finden.
rehe fliehen über weiße felder. stille
trägt gedanken, die über ihre grenzen
gehen. sie verengen sich bei ihrem anblick.
wassertropfen bilden sich an kiefern
nadelspitzen, halten den augenblick an.
auf dem waldboden folge ich amselspuren,
die sich in luft auflösen. geräuschlos
wanken baumkronen und regnen ihr licht
in die dämmerung. auf hochsitzen sind
gewehre angelegt. ungezählt treiben tiere
aus den bäumen. manche stämme tragen
rote kreuze. überfüllt sind die waggons
der nahenden züge. auf ihnen sitzen tauben
und krähen, als würden sie etwas erwarten.

krähen und reiher

krähen ziehen ein lautes netz über singende
kiefern. regen streut körner ins alte laub,
durch das schon gras wächst. der wald öffnet
den blick und geht mit seinen versteckten tieren
durchs augenlicht. figuren aus anderen zeiten
hocken in seinen räumen. ihren gesichtern fehlt
der mund. ich spreche sie an. sie richten sich auf
und gehen durch hohle wände. krähen haben
die weißen federn verloren. ihre flüge sind nur
zu ahnen. ein angeschossenes reh schleppt sich
noch bis zum hund. dann fällt ein schuss aus der
anderen richtung. der abgebrochene weg ist
im spiegel zu ende gegangen. der spiegel
ist ein einsamer ort, stand auf dem papier.
dann stieg ein weißer reiher aus dem waldbach,
schrie und breitete dem regen seine flügel aus.

reiher und reiter

ein fischreiher gleitet über den eisschichten
der sandwege. weidenstämme brechen das licht
auseinander. ein schimmel trabt über knochige
erde. die haut spannt den körper. wo schatten
hausen, führt eine fuchsspur in den winter
hunger. alte worte ziehen sich an ihre quellen
zurück und warten, bis sie gerufen werden.
geräusche der schritte im harschen schnee über
tönen sich selbst. den tieratem verbirgt der wald.
hier ist das weiße licht erloschen. gestern standen
wir am grab deines großvaters hinter der grenze.
er hatte den krieg überlebt und war auf dem heimweg.
er saß erschöpft auf einer bank mit blick über
die elbauen. dann schlug sein herz nicht weiter.
in der ferne seh ich den reiter, weiß wie sein pferd,
der den fuchs jagt, bis es zu schneien beginnt.

hunde und lautsprecher

die stille ist unbeweglicher als ein schatten,
der sich um seinen baum dreht. aus dem vergitterten
haus überschlagen sich die laute und stürzen aus
dem offenen fenster. sie sind allein und löschen sich
in ihren ausbleibenden echos. kastrierte hunde schlafen
im warmen licht. sie sind an den ohren markiert.
die gegend ist weiträumig eingezäunt. fellreste hängen
an maschendrähten. wo lautsprecher aufgestellt sind,
wurden bäume gelichtet. mechanisch wirken bewegungen
der uniformen. vorgeschriebene worte verlassen
die stimme. manchmal läuft ein hund auf die andere seite
der straße. er bellt nicht, wenn er angeschrien wird.
auf geschützten bänken stehen zahlen, die zu körpern
gehören. in abständen werden sie durch die lautsprecher
gerufen. dann haben die tiere etwas menschliches
in den augen. und die geräusche kehren sich um.

findling und zitronenfalter

der lange regen hat das licht gewaschen. nun
hängt es in der luft und trocknet an den wind
leinen. es scheint in augenkörpern auf, die aus
den atemhöhlen kriechen. der mais steht hoch
und drängt den weg in seine eignen spuren,
die er noch nicht lesen kann. ich hab das fenster
weit geöffnet und seh von außen in die zimmer
fluchten. wölfe leuchten in der dunkelheit.
mit dem gesicht zur wand bin ich gewachsen.
und eines tages ging sie mit mir durch. im mais
rauschen die tiere. mein lied war nur ein sprech
gesang, der keine worte kannte. sie sind sich
aus dem weg gegangen. ich hab mein zimmer
vollgestellt, nur um die wände nicht zu sehen.
pferde reiten durch das feld, sind nur der kopf,
in dessen mähne meine hände greifen. dann seh ich
den zitronenfalter auf einem schädelgroßen findling
sitzen. und dieser anblick sperrt mich wieder ein.

der tag

ich habe die tiere an land gehen sehen. sie trugen
fräcke, uniformen, hosen, röcke, nachthemden
und abendkleider. viele waren nackt. sie haben
nicht miteinander gesprochen. und kamen der reihe
nach, ohne zu drängeln, aus dem körper des schiffes.
einige stiegen in hubschrauber oder flugzeuge, andere
auf lastwagen, motorräder oder fuhren mit weißen
autos davon. die meisten gingen zu fuß. viele
wechselten ihre kleidung und schminkten die spiegel,
in denen sie standen. andere schnitten sich die haare,
das fell oder zogen sich die haut ab. noch immer
sprach niemand. als das boot aufs meer fuhr, sank es.
so leicht war es geworden. dann schrien sie und
verwandelten sich in menschliche körper, wurden
immer lauter, gestikulierten wild durcheinander.
manche schlugen sich. andere rannten davon, kletterten
auf bäume oder stiegen auf anhöhen. so konnten sie
besser sehen, wie sich ihre augen schärften und sich
unterschieden. als es dunkel wurde, bekamen sie hunger.

raunächte

an den festgetretenen stellen des weges hält sich
der schnee. regenkörner spielen in sträuchern auf.
krähen reißen die luft ein. in den raunächten
habe ich ohne gedächtnis geträumt. ich war nicht
wach und hab nicht geschlafen. ein orkan hat bäume
auf die wege gelegt und atemlichter gelöscht.
es dauerte lange, bis die trümmer verschüttet waren.
in dieser zeit hatten sich vögel aus der gegend zurück
gezogen. die stille war ohne körper, nur ein skelett,
das sich hin und wieder bewegte. in jenen tagen
zogen geister in schweren tüchern durch die straßen
und suchten nach frischer wäsche auf den leinen,
in die sie sich verwandelten. in den häusern roch es
nach moder und nässe. doch nicht alle entkamen.
jahre haben wir uns nicht gesehen. das gesicht
ist nicht wiederzuerkennen. nur die stimme führt
worte an die alten stellen. und dann ist auch der letzte
schnee getaut. und alles ist wie es nicht war.

Nährboden

aufwachzeit

augen schlagen dem schlafenden tod ins gesicht.
sie sehen uhren in den gängen zwischen den sälen,
in denen die kranken körper sich öffnen. die grünen
gestalten sind mundlos und sprechen in formeln
atmender maschinen hinter den wänden. immer schneller
drehen blicke das ziffernblatt aus der zeit. die zahlen
lösen sich endlos aus den momenten, regnen als helles
licht die vorhänge auf die betten. hinter ihnen laufe ich
über die blühende wiese durch den schnee. und drehe
die arme, als wär ich ein kind, das aus meinen liegenden
körpern läuft, immer über die wiese mit drehenden armen
und liedern, die ich der uhr aus der hand rieseln lasse.
die frau mit der grünen stimme ruft, atme, mein kind atme,
sonst rollt dir das herz aus der brust, an die ich mich fasse
mit federarmen, sie fliegen die weißen blüten ins gras.
ich hör in der ferne traktoren und schweres gerät für den
winter. es flackern die decken der gänge. ich treibe
in worte. sie rufen mich ins freie hinaus. atme, mein kind,
vergiss nicht zu atmen. ich schlucke den schnee.

kiefernkind

bäume sinken in den nebel, leuchten
schwarz an ihren spitzen, regnen sich
die haut am himmel ab. laub lässt schmale
wege schwinden. die tiere schleichen
sich heran und stehen vor den häusern.
betonkolonnen rücken nach. dem regen
läuft das licht zusammen und rinnt mir
über das gesicht. ich hab den alten ort
in meinem lied gelassen. der neue wald,
an dem die felder wachsen, zieht mit
den vögeln fort. am strauch die schlehen
werden überwintern. die blicke habe ich
von dir. so seh ich mich. und singe leise,
dass ich in die stimme finde. die hohen
kiefern riechen nach dem kind, das mich
versteckte. es kommt auf mich zurück.

vaterkind

vor dem fenster treiben kleine schneeflocken.
es ist sommer. dahinter liegt vater im bett. ich gehe
durch seine dunklen augen. er ist auf dem weg
zur arbeit. die fabrikhallen sind kalt. ich gehe
ihm nach. er sitzt am tisch vor der geöffneten brot
büchse aus blech. sie ist verbeult. mutter hat ihm
ein ei gekocht und brote geschmiert. er isst nicht.
ich komme auf ihn zu und will ihn umarmen.
er spricht nicht. er lächelt nicht. er geht durch
die wohnstube. ich frage mutter wo vater ist.
ich bin doch sein sohn. ich höre laute schläge aus
dem hinterhof. er hackt holz. ich sehe ihn nicht.
es schneit. mutter schmiert brote. das holz
stapelt sich vor dem kachelofen. durch die fenster
dringt licht. es blendet. vater liegt im bett.
sein haar ist schwarz. seine augen sind offen.
ich will für ihn sprechen. er sitzt am tisch.
er geht in die fabrik. der ofen ist kalt. es regnet.
das holz ist feucht. vater liegt im bett.
es ist aufgeschlagen. ich bin doch sein sohn.

meereskind

ein weißer tiger liegt am strand. verweht, sein fell,
der halbe schädel steckt im sand. im wind reißen
die möwenschreie auf. das wasser steht im kiefernwald.
hinter dem spiegel steht das kind. ich kann es nicht
mehr sehen. zeugen dieser zeit sind geister, die mich
in gedanken flüstern hören. ich gehe nicht mehr
in den zoo und lehn am gitter meiner kleinen augen.
wasser rinnt durch kalte finger. wurzeln meeresnaher
bäume schwimmen frei. ein knochenbündel schwarzer
federn ist vom salz zerfressen. ich zähle schritte, denen
ich abhanden komm. zwischen den stämmen fiepen
schatten noch im frühen licht. regen fällt ins meer, hört auf.
was ich verschweige, kommt nicht von den worten los.
das alte licht am meer verspricht nicht, was es hält.

zirkuskind

felder sind gekalkt. der staub verklumpt,
liegt auf den weidenrippen. sträucher sammeln
wassertropfen, augen, die sich nur in andern
sehen. spuren führen in den wald, verstummen
unterm nadelrauschen. als wär der bussard
stein, hockt er auf einem eichenast. ich folge
der bewegung, seh ein kleid, das in den körper fällt.
ein mädchen ritt im kreis. der tiger hielt den kopf
im maul. im vierten sommer wurde er getötet.
der zirkus kam nicht mehr. bäume liegen auf den
wegen, die aus leisen worten gehen. ich träume oft
von wilden pferden. ich fang sie mit dem lasso ein.
dann wach ich auf, berühr ihr weißes fell und spür
mein herz, wie es in ausgelassnen schritten schlägt.

mauern im park

der kornapfelbaum trägt kein licht. wände
sind aus dem berg getreten. um den weiher
steht ein metallzaun. wege sind mit holzspänen
aufgeschüttet, in die pathologie zwei familien
mit kindern gezogen. davor ist eine rotbuche
in die fensterscheibe gewachsen. manche stämme
wurden mit rosa farbkreisen gezeichnet. still
sind schritte, die vor jahren in den stimmen lagen,
sie haben sich verlaufen. taubenfedern
sind im laub verflogen, und aus dem fuchsbau
steigt noch immer rauch. wo keine schatten hausen,
ist das gras verbrannt. die alten körper treiben
ihren räumen das gedächtnis aus. im heizhaus
qualmen die maschinen. fremd klingt die musik
im park, vor der die bäume an der mauer stehn.

volkseigen

vor dem lautsprecher schweigen die buch
staben *VEB*. sirenen wechselten die schichten.
an laufrädern ist das holztor festgerostet.
dahinter steht eine mauer aus hohlblock
steinen. im gebäude kannst du durch
die wände gehen. starkstromleitungen
baumeln in der luft. verwitterte gardinen
hängen hinter wunden fensterscheiben,
mustern schatten, an denen sie sich bewegen.
worte lärmten in den hallen, die sich in ihnen
versprachen. die maschinen übertönten alles,
bis sie sich selbst nicht mehr hören konnten.
in aller stille sinkt die fabrik in den boden.
die regenrinnen sind übergelaufen.

naturfarben

licht hat die säle geflutet, der regen
moos und flechten in den beton gepflanzt.
hier wachsen die bäume nicht in den himmel.
zeichen aus einer anderen zeit faulen auf
den mauern. stühle, seit jahren unberührt,
häufen sich vor dem gebäude über den tischen.
das freie hat ihnen zugesetzt. die natur holt sich
ihre farben zurück. im schnee erzählen sie
den augen ihre blinden geschichten. sie sehen
das licht in den worten aufscheinen. *der raum*
spielt für sich selbst theater steht an der wand
mit den aufgeklappten sitzen. und vor den
flügeln der tür hat sich herbstlaub gesammelt,
verrät jeden gang, der an sich selbst vergeht.

rauch

der weiße flieder ist jetzt braun. pappeln
haben ihren schnee gegeben. im staubgeruch
der wege kann ich ihn noch sehen. gräser
stehen hoch. die saat geht auf. am fellrand
treten augen aus verstecken. nicht alle
werden übersehen. ein grüner wind hat seinen
schlaf über das land gespannt. träume wildern
in der wirklichkeit. sie unterscheiden mich
nicht mehr. ich steh im rücken vieler türen,
die mich aufgelassen haben. der blick zurück
wankt auf gedächtnisbrücken. die sehkraft
schwimmt in morschen booten. früher stand
ich gern am meer. es lag vor mir. jetzt bin ich
leicht, verlaufe mich im wald und such nach
tierkadavern. die schädel grab ich ein, im garten,
wo ich oft am feuer sitz. und wieder rauche.

zeit

die uhr ist aus glas, auf dem die zeiger durchsichtig sind.
im efeuwald stehen baumsäulen, flattern im dunklen grün
und werden stiller. dünner regen schichtet den wind,
der an den wegrändern flüstert. es sind worte, die für
das schweigen bestimmt sind. mein lied ist schon besungen.
tiefes blau senkt sich vom himmel. zerfetzt liegt ein reh
unter der wilden kirsche. weiß rauscht sie vor einer
treibenden wand. milane schweben über dem rapsfeld.
sein licht bricht bald in meinen augen aus, in dem ich mir
als das kind erscheine, nach dem ich immer gesucht habe.
ich sitz auf dem hochstand und sehe den fuchs durch gras
wellen schwimmen. ich hatte sein haar auf den schultern
mit der gläsernen haut im gesicht. im winter kann ich mir
den mohn und die kornblumen nicht vorstellen. und im sommer
den schnee und die schwarzen baumreihen nicht. doch
mein gedächtnis geht in gestalten spazieren, die ohne mich
aufeinandertreffen. ich bin nur ein wort, das ihnen nahe kommt
und von dem sie nicht wissen, woher sie es kennen.

Muttererde

meine schweigsame mutter

kirschblüten liegen auf tannenzweigen, die den baum
dem himmel näher bringen. von einem moment
auf den anderen knicken der roten tulpe auf dem tisch
in der vase vier blätter ab. dem blut wird der weg
abgeschnitten. du sitzt auf dem stuhl in der küche.
es schließen bilder gesichter. das schlesische dorf
mit den älteren schwestern. die puppe im feuer. soldaten
und schreie im hals. vertreibung. die ankunft in sachsen.
das kältere schweigen. dienstmädchendienste. der sohn
vom hauptmann, die einsamen jahre. arbeit im brauhaus.
die liebe, ein nest. der gemeinsame sohn. das leben
der langsamen schritte. die enkel. der tod des geliebten.
die blumen. meine schweigsame mutter wird still, schläft ein
auf dem stuhl. die augen geöffnet im weiß. nun liegt sie
in einem raum ohne atem, sieht den flammen entgegen.
die kirschen reifen in diesem jahr schnell.

kuchen

zerbrechliche mohnblumen übersäen das feld.
schwarz stehen ertrunkene bäume an der elbe.
in ihnen wehen krähenschreie. der himmel
treibt wolken flussabwärts. über den acker
furchen sind die flügel gespannt, werden breiter
und breiter. das wasser wellt sich an land, legt
eine gerissene amsel in den brennnesseln ab.
grünes licht flutet die waldränder. einen mohn
kuchen hat mutter gebacken. er welkt neben
dem strauß gelber chrysanthemen. der tisch
schwimmt im fluss. ihr gesicht ist leer, irrt durch
die bäume. nach hause komm ich nicht mehr.

mutterseelenallein

ein faltiger wind geht über die havel.
ihre arme sind dünn und entfernen sich
von den bäumen. menschen auf der fähre
werfen münzen in den fluss und wechseln
die ufer. pappeln rauschen sich wund,
legen ihre haut in die wiesen. fische
springen aus dem wasser, sind nur in diesen
geräuschen zu sehen. weiß flattert die luft
unter hastigen flügen der schmetterlinge.
die hohen gräser und wildblumen zittern.
weiden halten ihre müden knochen
in die strömung. mit leeren händen greife ich
in sie. licht hat die hüllen fallen gelassen,
glänzt auf den wellen. mutterseelenallein
steh ich am rand und warte auf mich.

totenschritte

laut lassen hunderte vögel den alten
eichenbaum fliegen, der sich immer enger
über das scheunendach beugt. dunkel
liegen die äcker im schlaf. taubes licht
fällt von den blättern. eintagsfliegen sterben
an der bindehaut. ich geh mit schritten
meiner toten durch ihre räume an worten
entlang. ihre wunden haben noch nicht
geblutet. im wald sind nur die bewegungen
des holzes zu hören. körperlos liegen graue
federn im nadelbett, ohne die geringste
spur roter adern. manchmal kann ich
die narben unter meiner haut fühlen.
dann stelle ich ihnen fragen, vor denen sie
verschwinden. die kraniche rufen jetzt nur
noch selten. ich habe die worte für mich.

zerbrechlich

an kalten bäumen läuft das licht herunter.
schwarz sind ihre knochen und zerbrechlich.
die wiese atmet graue luft. im schilf zerknittern
die geräusche. ich gehe am gedächtnis ein.
und spreche leise, dass ich mich noch hören kann.
der wald liegt weich in seiner haut. ihr schlaf
streift sich in meinen träumen ab. ich rufe mutter,
vater, kind. das echo wird vom schweigen abgestoßen,
erinnerungen werden durch die worte skelettiert.
ich bin so müde, dass ich mich nicht sehen kann.
ich sitz im garten hinterm haus. nur wenn die gänse
fliegend schrein, fällt ein wenig licht herab.

nebel

aus dem nebelsee brüllen die bullen.
es sind die letzten tage. wiesen atmen
in die kühle abendluft. ich gehe über
worte, die am boden liegen. und trag
das grab durch meinen kopf, und auf
der zunge die bezahlten münzen. ich
komme in das dorf, wo hinter fenstern
mauern stehn. und vor der tür liegt laub
verwehter bäume, das spuren flüchtig
werden lässt. im wald dahinter flackern
lichter. stämme schwanken in den flammen
und ihre schatten brennen in den rufen
nieder, die mich, als wärs ein traum,
verlassen. ich leg die hände vors gesicht
und sehe mich mit andern augen,
dem leben leicht entgehn.

muttererde

bäume beginnen ineinander überzugehen.
sie tragen sich ihre grünen versprechen zu
und winken aus ihren körpern. häuser nehmen
ihre wände zurück und halten die zimmer
aus den fenstern. damals zeigte mir die haut
ihre offenen stellen. heute geht das helle
in ihnen ein. am himmel zeigen sich rötliche
fetzen. immer wieder lege ich holz nach
und rücke die nacht an das feuer. im winter
saß ich im dunklen schnee. und konnte mich
nicht von der stelle bewegen. es war ein wort
karger raum, in dem ich die muttererde aus
den händen gab. im schnee hab ich an sie
geschrieben. sätze, die an den fingern verharrten.
ich erzähle sie dir, wenn ich nach haus komm.
und dein haar aus dem gesicht streiche.

flügel

blaues licht hat raureifhaut von den wiesen
gezogen. ungezählte singschwäne rufen
weiße schatten aus den träumen und spannen
ihre flügel. der himmel graviert die kahlen
bäume. ich gehe mit alten worten durch
die mundhöhle. und kratze das moos
von den steinen. die stalltür steht offen,
der raum noch gekalkt, blendet. die tiere
haben nur einen augenblick. an den verborgenen
stellen der geräusche bewegen schneeknöchel
abwesende körper. das eis im teich trennt
an den schilfadern auf. am inneren horizont
grasen rehe, singen kiefern im nebelklang.
in erinnerungen sitzen figuren fest, die mich
an die hand nehmen. vögel tanzen ihre lieder
über dem feld, hängen sie in die zweige.

mutter maria

hartes laub bricht stücke aus den himmels
blicken. schatten kriechen in den boden.
ich seh die mutter mit dem kind im rücken.
sie geht durch dunkle bäume. wintervögel
flattern durch den schein, der ihren körpern
folgt. es sind soldaten, die vor ihren kugeln
fliehen und sie in kurzen träumen treffen.
der schlaf ist voller tod, aus dem das alte
mutterherz erwacht. sie hieß maria, betete
an meinem bett. ich weiß nicht, ob sie
manchmal weinte. sie hat die tränen auf
der flucht im krieg verloren. auch wenn es
nichts zu sagen gibt, fehlen die worte. in fremden
städten suche ich die kirchen auf. den gräbern
sind gesichter ausgebrannt. ich zünde kerzen
für sie an. und warte nicht, bis sie erlöschen.

stehplatz

mit jedem jahr wurden die worte kleiner
und fanden sich hinter dem spiegel zusammen,
der mein gesicht in falten legte. sein glas lag
zersplittert auf wegen, die über mich hinweggingen.
ich bäumte mich im hochwald auf und riss spinnen
netze mit der haut, bis ich an eine lichtung kam.
dort stand ein junge. und rannte davon, als er mich sah.
aber auch das waren worte, die hinter sich zurückblieben.
und sich später in einem saal sammelten, in dem kein
platz besetzt war. nur ein altes kind stand in der tür.

Wetterfelder

bühne

gesänge kommen aus dem wald, hellen
die bäume auf, die dunkel zueinander stehen.
davor kreist ein milan über der wiese,
auf der sich weiße kleider in den körpern drehen,
vom licht bestickt, vertanzen sie die zeit.
luft löst sich in diesen stimmen, atmet auf.
die gerste ist schon reif und hat ihr gelbes tuch
an land gezogen. der sprung des rehs zerschellt
an einer wand, die ich nicht sehen kann,
in einem hall, von dem der traum erwacht.
hinter der tür singt mutter an dem bett ein lied,
in dem ich frier. und vater schießt durchs fenster
glas in sein gesicht. das gras steht höher als der zaun.
ein hase springt mir auf dem weg entgegen,
bis er mich sieht. und immer wieder höre ich
den schuss in weiter ferne, der mir sie näher bringt.
die bühne vor dem wald bleibt aufgebaut.
in alle winde ist das lied verschneit.

vor dem herbst

getriebene luft geht durch die bäume. noch
halten sich ihre blätter. doch das rauschen
ist ohne illusion. worte der kindheit passen
nicht mehr in den spiegel, der aus dem gesicht
fällt. regen löscht flammen im stoppelfeld.
du hast federn in die risse der dachrinne gesteckt.
engel kenne ich nur aus anderen sätzen.
ich mag es, wenn kraniche vor ihren flügen
in den süden alle anderen geräusche ins blindsein
treiben. es ist, als könnte alles noch einmal beginnen.
blumen senken ihre köpfe. wie schön sie sind
in ihrer würde. und aus dem loch im baumstamm
tropft blut an halmen ab. ich leg die augen an,
und ihre blicke werfen sich auf mich zurück.

vor dem schnee

im nebel liegt der himmel dem wald
zu füßen. am flussufer sind bäume gefällt
und geben mit ihren köpfen, die im wasser
hängen, der strömung ein gesicht. regen
spinnt dünne vorhänge. sie wehen durch
die scheiben. orte sind gealtert und stecken
mir in den knochen, die bilder von mutter
und vater zusammengetragen haben.
sie blättern von den gedächtniswänden,
die meine worte immer wieder versetzen.
viele felder sind gepflügt, noch blind ist
die saat. der schnee ebnet abgründe ein,
hat der fremde gesagt, der mich nach meinem
namen fragte. ich hab ihm den weg beschrieben,
der unter dem schnee floss. reihenweise sind
die bäume über den fluss gekommen. es war
ein winter, der keinen anfang nahm. nur ein
mal lief mir eine schwarze katze über den weg.

eiskalt

eingefrorenen zweigen sind die knospen
aufgesprungen und in diesen geräuschen
stehengeblieben. brüchig, die gelenke
der bäume. füchse hungern am harten biss.
von tag zu tag werden fäden der stimmen
dünner, um worte zusammenzuhalten.
stille brennt in den augen. stahlnetze über
ragen schritte. durch findlinge sind körper
in den boden gekrochen. luftleer schimmert
ihre haut. kalkschnee hat sich in blicke gefressen.
die kalten wände der häuser geben ihre räume
auf. schatten bewegen sich hinter fenstern,
als würden sie etwas erwarten. in der nacht
rennen hasen in den see. es sind nicht genug.

wetterbericht

die schneekörper sind eingesackt. gestern
abend krochen sie noch gegen den wind.
nur ein paar hautfetzen sind am morgen zu sehen.
bäume haben ihre nester freigegeben. zweige
brechen das helle auf. die vögel sind voller
mühe. ich erfinde worte, durch die sie fliegen.
und was ich sehe, bringen sie ans licht. regen
nebel presst die farbe aus den wiesen. dann fallen
weiße körner aus den wolkenfeldern. schritte
knirschen, werden stumpf. ich muss an die frau
im zug denken, die lange mit einer automatischen
stimme telefonierte. sie trug sommerschuhe und
eine pelzmütze mit sowjetstern. jetzt ist es dunkel.
im schnee seh ich die hand vor augen nicht.
ich möchte benzin trinken, wie der mann im zirkus,
der ich als kind sein wollte, und es anzünden.

wandlungen

schneeglöckchen sind erfroren. zwischen
backsteinmauern des stalls schwimmt ein see.
an manchen stellen fällt der himmel auf ihn
herein. ein zusammengeflogenes nest hängt
aus dem vogelhaus an der linde, die mit ihren
zweigen das blau aus dem bild kratzt. namen
lasse ich in den sätzen frei, mit denen ich
durch den schnee gegangen bin. wild singen
hunderte vögel im baum und flattern das licht
auseinander. im unterholz treten amseln laub
in bedrohliche geräusche. steine wandern durch
den ackerboden und wachsen dabei, hat mir
die alte frau aus dem dorf erzählt, die ihre söhne
überlebte. früher glaubte ich, an den schatten
zugrunde zu gehen. heute fragen sie mich
nach dem weg, ohne eine antwort zu geben.

ruf und echo

kraniche steigen durch das knietiefe gras.
ohne blüte sind die schlafstellen der bäume.
an ihnen ist der regen schwarz geworden.
die hellen flecken der vogeltöne bewegen sich
hastig im unsichtbaren. tief steht der himmel
und drängt den wind in die geräusche
der landschaft. ruf und echo zugleich strömt
aus den hälsen der nördlichen tiere. sie fliegen
durch die netzhaut und bringen sie an ein licht,
vor dem das kind steht und seine schatten aus
wirft. seit tagen hör ich den kuckuck und zähle,
bis ich die gedanken verliere. sie führen mich
durch den wald, der die wege verengt. der winter
hat sich durch die dünnen kiefern geschlagen
und liegt in den mulden, die unter wasser stehen.
das kind ist ein mann, der seine schatten
einholt und durch die senke geht, damit er
nicht sehen kann, was auf ihn zukommt.

gesten

hüllen der sommergestalten sind eingesunken.
sie machen den boden schwer, den der regen
aussaugt. das hohe gras gibt frei, was es verbarg.
weidenkadaver atmen in die kühle luft. und
schmiegen sich an meine lippen. im himmel
splittern schreie der wildgänse. windfetzen
hängen an kiefern herunter. fern zerren nervöse
hunde an den leinen. welke lieder trocknen
in den kehlen aus, die sie besungen haben. stille
klopft ans holz der waldgeräusche. pfützen stellen
spiegel in den raum. die stalltür lehnt an alten gesten,
die sie aufgelassen haben. den dörfern wächst
ein fell. kälber brüllen in den schnee. am see
schreit schon das eis die vögel in den süden.

bäume im winter

bäume haben im eiswind gebrannt. noch knistert
die klare glut auf ihren zweigen. wind treibt
körper ins warme. auf verlassenen höfen hör ich
stimmengeflüster. ziegelblut ist an den häusern
gefroren. doch über nacht ist das rot in den nebel
gesunken. maulwürfe haben die auen aufgeschüttet.
eisreste werden von ihren wasserschatten getragen.
zerbrechlich stehen die eichen unter den moos
flechten. knöcheltief liegt noch schnee auf
dem pfad zwischen den ackerböden. der nahe
stehende wald scheint leer. gerüche geschnittener
kiefern steigen in den himmel. ein specht klopft
das holz laut. seit tagen habe ich mein gesicht
nicht gesehen. ein mann geht unentwegt durch
die bäume. immer wieder ruft er zwei namen.
im schweigen könnte er hören, wie tot sie sind.

die elbe im winter

die elbe hat eisschollen am ufer übereinander
geschoben, vom wind verschweißt. auenmulden
liegen erstarrt. kormorane rufen über den fluss
ihren echos entgegen. an baumstümpfen sind
rinden vom hochwasser geschält. laub wispert
im schneegras. wühlmäuse tragen ihre hügel
auf den deich. ich geh durch gesperrte gebiete.
gebrochene bäume erzählen von stürmen.
im hinterland singen kopfweiden verlassenen
wegen. ich hör meine stimme als kind,
wie sie an worten verstummte, denen sie nicht
gewachsen war. manchmal zittert sie noch,
wenn ich sie sehe. und dann taucht ein schiff
auf, das gegen die strömung schwimmt. und
ich winke ihm, bis ich immer kleiner werde.
und winke, bis es verschwunden ist.

Marienfelder

maria hilft

vor dem maisfeld steht das goldene kreuz. es funkelt
an seinen spitzen im aufgestochenen licht. getrocknetes
blut auf dem steintisch zeichnet eine fingerspur.
die aufgereihten holzbänke sind verwittert, fahnen
an drei stangen regenschlaff. die alte buche neben
der kapelle fängt den wind, der an den schatten zerrt.
menschen trugen über die jahrzehnte ihre kreuze
auf dem rücken an den ort, wo sie marias hilfe fanden.
sie heilte augen, leid und steife beine. im maisfeld
suhlen sich die schweine. wenn die maschinen ernten,
lehnen an den gotteswänden die gewehre, sind geladen.
und auf dem steintisch wird dem wild das herz entrissen.
verschlossen ist die tür zu der kapelle. die jäger
danken für die gute jagd, singen im tal die alten lieder.

frau am meer

erde hängt an den wurzeln. das sandfell
ist im wind über gewaschenes holz gewachsen.
es ähnelt wilden tieren, die nun schlafen.
flügel kahler meeresengel finden sich am strand.
ihr fleisch hat sich ins salz gefressen. vereinzelt
ragen kiefern aus den totholzarealen, stürmen
aus den wachen augen. licht franst an den schatten
rändern aus. im wald ruht schon die dunkelheit.
aus den verstecken graben sich die leisen tiere.
es werden immer mehr. das weiße schiff
am horizont kommt näher. soldaten sammeln sich
an deck. drei reiter tauchen aus den bäumen auf.
sie tragen masken unter ihren helmen. am strand
geht eine schwangere frau und sammelt holz.
es ist zu schwer. die reiter warten auf den pferden,
verlieren die gesichter. boote leuchten auf dem meer.

das kind bin ich

sonnenblumen sind abgebrannt. ihre einbeinigen
schatten wanken über das feld. die weiden stehen
im flammenlicht. zu stein sind die sommerpferde
geworden. sie trugen zerrissene lieder in stimmen,
die aus dem kopf gekrochen sind. wie leer dieses
land ist. in mumbai leben mütter mit ihren töchtern
auf einem stück stoff vor verschlossenen türen.
durch meine finger fällt schnee. jedes weiß ein wort,
das keinen grund gefunden hat. neben der straße
liegt ein fuchs mit offenen augen. sein tod stellt sich
schlafend, sein fell blendet die sonne. das alte gras
hat sich in körper gelegt. sie bewegen sich in den
geschichten, die ich über das jahr erzähle. die leichten
hemden sind zerschlissen. sie tragen sich nicht mehr.
das holz gibt seine milch dem boden. noch nie habe ich
von maria mit dem kind geträumt. und doch denke ich
oft daran, und bringe sie nicht über mein herz. ich weiß
nicht, wie mutter starb. sie war auf dem weg zur tür.

maria

maria steht mit dem kind an der hand
am weiher. ihre augen trinken das licht.
es regnet gelbe blätter unter die bäume.
schirmpilze reihen runde schatten
am feldrand auf. der acker ist gepflügt.
ein mann jagt die speere der reiter
durch seinen körper. die pferde sind still.
drei kraniche überwintern im schnee.
auf dem weiher schwimmen scherben.
engel kreuzen in schreien der wildgänse
den himmel. heut nacht wird das wasser
zu eis. jäger warten auf hochständen. es sind
viele. ihre gewehre leuchten rot. ein stall
fängt feuer. das mutterschaf ist schwarz.

stille nacht

die pfütze treibt den wind durch
schwarze bäume. er ist kalt und zieht
ihr eine haut über die augen. wölfe
haben schafe im stall gerissen. ein kind
hat geschrien. efeu kreuzt die hohlen
stämme. häuser haben sich entfernt.
in ihnen brennt das holz der fenster
und der türen. menschen singen
ihre lieder, stecken ihre stimmen an.
die alten worte flackern in den flammen.
schnee sinkt in die weiße asche. dann
wach ich auf und denke, dass ich träume.
es riecht nach rauch. ich sehe tiere
brennen. vögel stoßen rufe aus, als wärs
ein schuss, der nach dem andern fällt.
es ist so still, dass ich nichts hören kann.

schläfer

mutter hatte die augen geschlossen. vor dem fenster
fiel pappelschnee in den himmel. er wurde aus
dem bauch geschnitten. und schrie nicht. worte, die er
immer wieder sehen konnte, waren *er schläft.* er ging gern
in den wald. und baute käfern ein haus. sie überlebten lange.
manchmal brach ein feuer aus oder wasser drang durch
die wände. er schaukelte stundenlang an einem seil,
auf dem er stand und über dem der ast knarrte.
so wanderten die wolken durch seine augen. einen vater
hatte er nie, nur männer, die ihn manchmal schlugen.
viele jahre schlief er in einem saal mit vielen betten.
später schlug er zurück. in ihm wuchsen die käfer aus
dem wald. bald wurden es zu viele. er schwamm lange,
um sie abzustreifen. er trank, um sie auszuspülen.
irgendwann sind sie verschwunden. und kamen wieder.
er schlief nur jede zweite nacht. und dann immer weniger,
bis er nicht mehr aufwachte, dachte er jedenfalls.
er zog in ein haus. es war vor jahren abgebrannt.

schneekind

seit tagen war es heiß. die nabelschnur hatte sich
um den hals gewickelt. zu lange hielt sich der atem
zurück. sie wollte nicht laufen. ihre arme wurden
stark. sie bewegte sich mit ihnen fort. den kopf
hielt sie oben. im sommer kroch sie über die wiese.
der schnee war ihr lieber. in ihm sah sie ihre spuren
und ließ ihn im mund zergehen. später lebte sie
im rollstuhl, weinte oft und kratzte sich die beine auf.
blut erinnerte sie an den schnee. sie schluckte viele
tabletten und lernte schreien. oft lag sie im krankenhaus.
der schnee um ihre beine war dann gefroren.
sobald es frühling wurde, saß sie in der wiese
und riss blumen aus. sie konnte jetzt ein paar schritte
gehen. sie schaute nie in den himmel. als ihr haar
weiß wurde, begann sie zu sprechen. sie wollte
alles erzählen, doch die worte erkannten sie nicht.

maler

ein jäger fand ihn am feldrand. sein atem
war leicht. er schlief einige wochen neben dem hund.
er sah nur mit einem auge. in der anstalt wuchs er
sich klein und sprach nur in lauten. als er sein gesicht
im spiegel erkannte, begann er sich zu zeichnen.
auf seinen bildern war nur das eine auge zu sehen.
das andere schlug er sich blind. als er geschlagen wurde,
zog er sich die haut von den beinen. und aß sie.
er musste viel schlafen. später trug er eine brille
mit einem glas. als er älter wurde, trug er einen hut.
er floh gern auf bahnhöfe und verschwand in zügen.
sie fuhren an feldern vorüber und durch den wald.
er fürchtete sich vor hunden. sie brachten ihn immer
zurück. später malte er sich mit brille und einem hund
an der leine. zuletzt malte er sich mit hut. er fuhr gern
mit dem zug. in seinem schrank stapelten sich die hüte.

feldweg

im sand liegt eine geteilte blindschleiche. auf beiden seiten
des weges brennt der raps. doch ich muss an den schnee denken,
was vielleicht eine frage des alters ist. bläulich schimmernde
fliegen drängen sich auf der schlangenhaut. der löwenzahn
hat seine blüte schon hinter sich. ein atemstoß genügt,
um seine fallschirme in den wind zu schicken. nie habe ich
dabei an löwen gedacht. einige schritte vor mir springt ein
reh aus dem wald. es hat eine rote stelle, kopfgroß, auf dem fell,
als hätte es geblutet. im sommer blendet das licht, dass ich kaum
etwas erkenne. doch ich sehe den jungen fuchs, dem ich viel
zu nahe komm, und den alten im hof, der an den pfoten auf
gehangen ist und sich sieben nächte hintereinander ein huhn holte.
seine augen sind immer noch wach. manchmal erschrecke ich
auf vertrauten wegen vor meinen eigenen schrittgeräuschen.
so sehr schein ich am leben zu hängen. schnell versuche ich
durch die mückenschwärme zu kommen. alles ist eine frage
der zeit. aber die zeit stellt keine fragen. doch das steht
auf einem anderen blatt, das sich gewendet hat.

der hirsch

vor der baumwand steht ein hirsch. seine augen
sind groß und offen. wolken verschweigen den himmel.
blätter bewegen den stillgestandenen wind. frauen
verlassen den zug und sammeln sich am bahnsteig.
sie nähen fahnen aus erfundenen worten. sie wehen
erst, wenn sie laufen, schneller und schneller. und
rufen. der hirsch ist weiter in den wald gegangen.

nebel steht über dem vom regen erloschenen feldbrand.
schwarze zweigspitzen kratzen mein gesicht auf.
mittlerweile sind die frauen auseinandergegangen.
keine von ihnen hat mich beachtet. sie wollen nur
den hirsch sehen. das verstehe ich gut. auf dem feld
liegt jetzt schnee. die spuren gehen durcheinander.
zwischen ihnen immer wieder abdrücke des paarhufers.

in diesen tagen ist es nicht lange hell. die besagten
worte haben sich nun in den mund gelegt. die fahnen
waren nur eine phantasie. der schnee bleibt lange
liegen. der hirsch wird von zwei männern auf den
hänger geladen. er hat sich sein geweih abgestoßen.
am steuer sitzt eine frau. sie schaut in den rückspiegel
und lächelt, bevor sie allein richtung bahnhof fährt.

wortfelder

kalter staub, rinnsale, sprachflächen.
abgebröckelter putz vor den hauswänden.
findlinge. helle äste, blutjunge haut.
weiße pferde. dünne frauenstimmen
am waldrand. wortgefieder. flüge unter
fehlenden wolken. spuren. ein hirsch.
eis in den furchen. erdbrocken. pappel
schnee. singende augen. blauer himmel
in ihnen. brechende federn. rabenkalk.
tränende lieder. muttererde und tageslicht.
irrende wege. dämmerung. dunkelheit.
stoffe aus tannenzweigen. grünes flackern.
kein schlaf. kein erwachen. keine worte
im kopf. ihr geruch auf der zunge.

Inhalt

Nährboden

Muttererde

Wetterfelder

Marienfelder

meine schweigsame mutter, mutterseelenallein und *nebel* erschienen im *Poesiealbum 324*, Märkischer Verlag, Wilhelmshorst.

pferde am haff, stehplatz und *feldweg* sind nach Gedichten von Erwin Einzinger, Sandra Hubinger und Klaus Merz entstanden.

Andreas Altmann
Die lichten Lieder der Bäume
liegen im Gras
und scheinen nur so
poetenladen Verlag 2014
104 Seiten · Euro 17.80
ISBN 978-3-940691-52-1

»Die magische Schönheit verdankt sich der Intensität der Bilder. Altmann knüpft Bezüge und lockert sie sofort. Die Gedanken geraten ins Schwingen, Klang und Rhythmus, die sinnlichen Aspekte der Sprache, kommen zu ihrem Recht.«
Frankfurter Allgemeine Zeitung